Colegio Aleman
"Can Blau"
-IBIZA-

Der ABC-Bär — Geschichten zum allerersten Selberlesen

Marlies Koenen

Hinkel, dinkel, Pausenspaß

Mit farbigen Bildern
von Harmen van Straaten

BENZIGER EDITION

Marlies Koenen
Ihre berufliche Tätigkeit gilt dem Kinder- und Jugendbuch.
So plant und begleitet sie u.a. Literatur- und Schreibprojekte
an Schulen und Bibliotheken.
„Hinkel, dinkel, Pausenspaß" ist ihr erstes Kinderbuch.

Harmen van Straaten,
geb. 1959, lebt in Amsterdam, wo er gleichzeitig als
Jurist und Kinderbuchillustrator arbeitet.

Inhalt

Fast geschafft . . .   4

Niko findet nicht, was er sucht   17

Ein halber Meter Gummiband   25

Fast geschafft...

Weit hinten,
am Ende der Straße,
bewegt sich etwas.

Es ist klein und grün.
Ein kleiner, grüner Punkt.
Der Punkt hüpft
hin und her.
Was mag das sein?

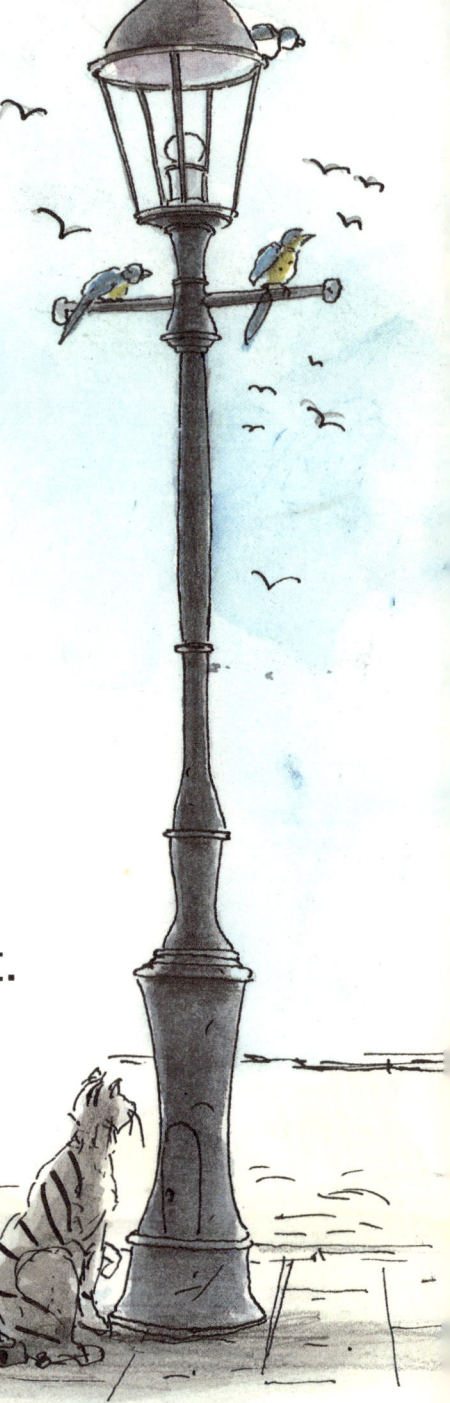

Ein Frosch?
Nein, es ist größer.

Ein Ball?
Nein, es ist nicht so rund.

Was ist es denn?

Leo kommt
aus dem Haus.
Er schaut
die Straße entlang.
Er sieht
den grünen Punkt.

„Tine!" ruft er.
„Tine,
warte auf mich!"

Leo rennt los.
Klack, klack,
macht es
in seiner Schultasche,
klack, klack.

Nur noch wenige Schritte
vor ihm
hüpft Tine
in ihrem grünen Anorak
ungeduldig
auf der Stelle.

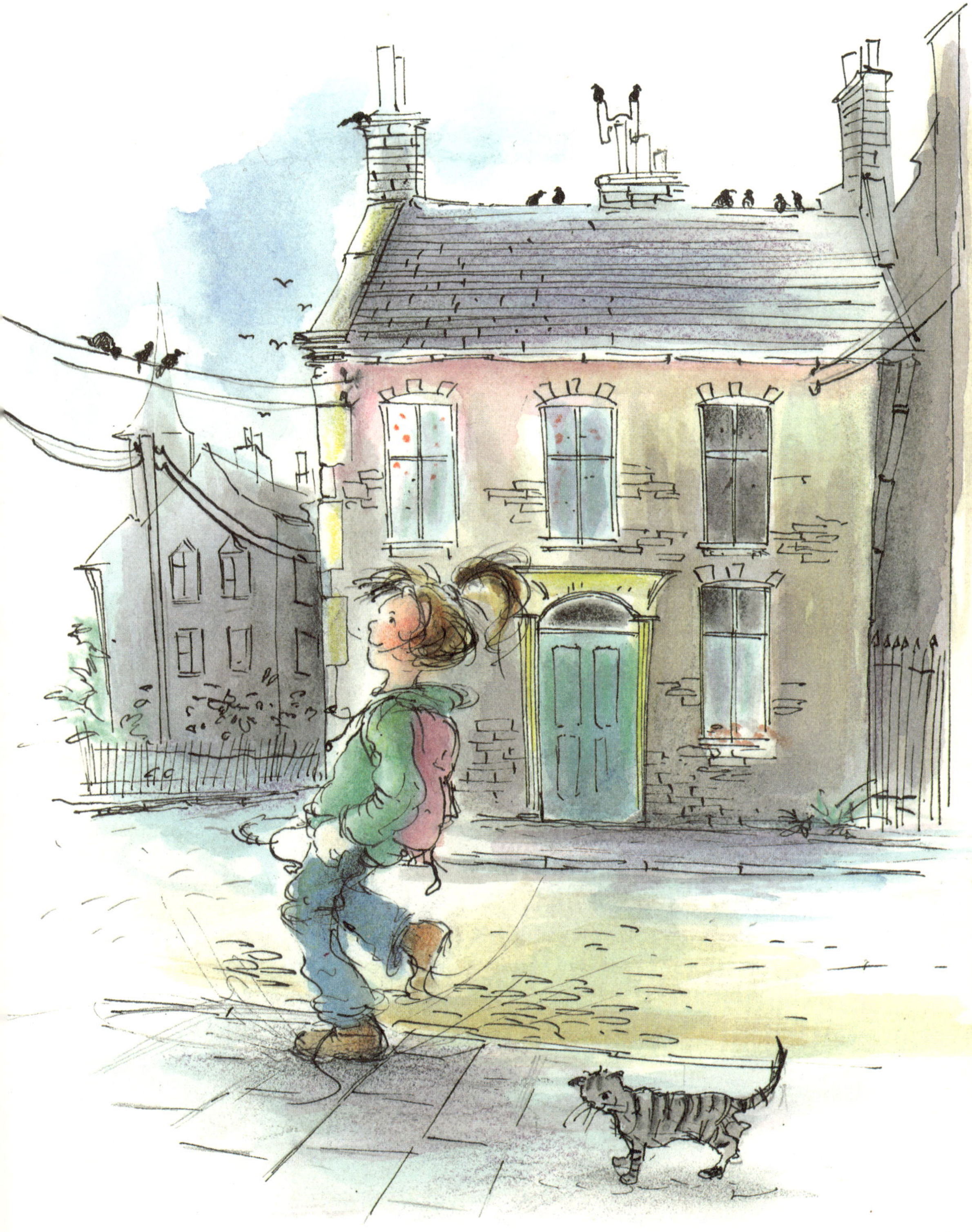

Eins, zwei, rechtes Bein,
drei, vier, linkes Bein.

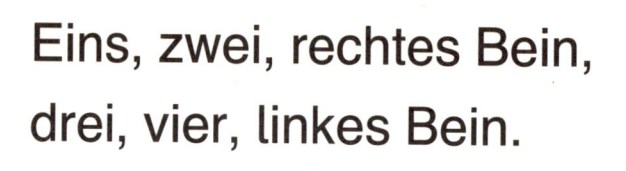

Außer Puste
stürzt Leo
auf sie zu.
„Mensch, Tine,
was machst du denn hier
für ein Spiel?"
fragt er.

Tine kichert.
„Siehst du das nicht?
Platten-Hüpfen!"

„Kann ich mitmachen?"
fragt Leo.

„Klar!" Tine nickt.
„Du darfst nur nicht
auf die Fugen
zwischen den Steinplatten
treten."

Leo hüpft los.
Tine hinter ihm her.
„Bis zur Schule",
bestimmt sie.
„Bis dahin
will ich es
diesmal schaffen!"

Zwei Schultaschen,
vier Beine
und ein Pferdeschwanz
wippen und hopsen
um die Wette.

Eins, zwei, rechtes Bein,
drei, vier, linkes Bein.

Da kommt Markus auf seinem Dreirad. „Tuuuut", ruft er schon von weitem. „Tuuut, tuuut ..."

„Auweia!"
denkt Tine.
„Ausgerechnet jetzt!"

„Der kommt
niemals an uns vorbei",
denkt Leo.

„Ob ich das schaffe?"
denkt Markus
und fährt
genau in der Mitte
zwischen
Tine und Leo durch.

„Dreimal Glück gehabt",
rufen Tine und Leo.

Markus bleibt stehen.
Er klingelt und winkt.

„Hören wir auf?"
fragt Leo
und schaut Tine an.

„Ich nicht",
antwortet Tine
und schaut Leo an.
„Ich will es
bis zum Schultor
schaffen."

Da macht es
rechts klatsch
und links platsch,
und Tine landet links
und Leo landet rechts
in einer großen Pfütze.
Iiiiiiiiiiiiiiiihhh!!

„So ein Mist",
schimpft Leo
und hüpft
mit seinem nassen rechten Fuß
aus dem Wasser.

„Wir hätten
es fast geschafft",
ärgert sich Tine
und springt
mit ihrem nassen linken Fuß
ebenfalls aus dem Wasser.

Leo schüttet eilig
das Pfützenwasser
aus seinem Schuh
und zieht
seinen rechten Strumpf aus.

Tine gießt gleichfalls
eine Menge Wasser
aus ihrem linken Schuh.
Aber den nassen Strumpf
läßt sie an.
„Der trocknet von selbst",
sagt sie.

Als sie weitergehen,
macht es leise
quietsch – quatsch,
quietsch – quatsch,
mal rechts, mal links.
Tine und Leo
schauen sich an
und grinsen.

Niko findet nicht, was er sucht

Heute ist Montag.
Montags sammelt Frau Heise
in der 1a
immer das Milchgeld ein.

Sie geht
mit einer Dose
und ihrer Liste
von Tisch zu Tisch.

Niko greift
in seine Hosentasche.
Heute morgen
hat Mama ihm
drei Markstücke
und fünf Groschen
mitgegeben.

Niko tastet und sucht.
In seiner Tasche
klimpert es leise.

Nikos Finger
finden zwei lange Nägel,
ein Stück Kreide,
ein großes Schneckenhaus
und eine Taschenlampen-Batterie.

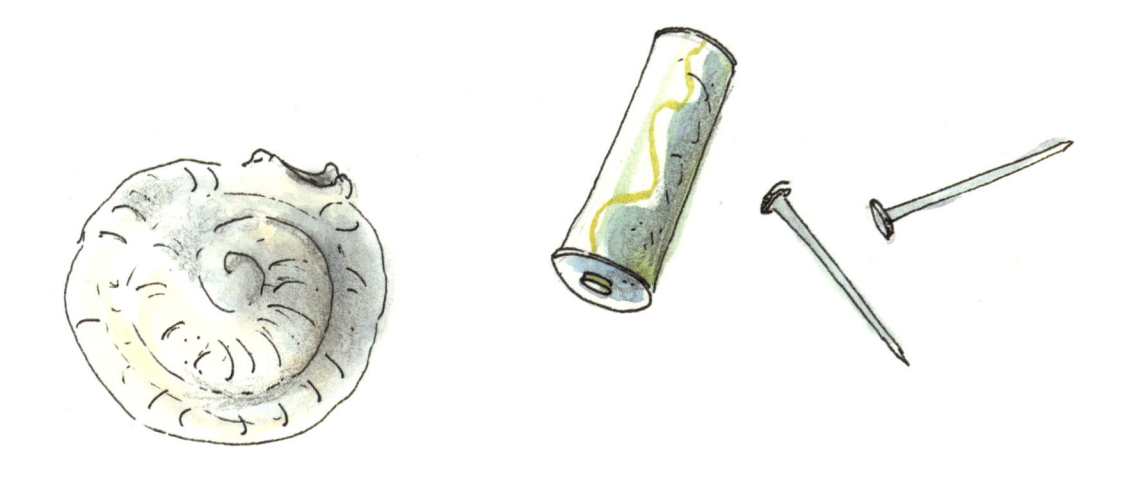

„Zum Bezahlen
reicht das aber noch nicht",
lacht Frau Heise,
als sie Nikos Fundstücke sieht.

Jetzt schauen alle
ganz neugierig zu Niko.
Niko ist ein Sachensammler,
das ist spannend.

Wieder greift Niko
in seine Tasche.
Irgendwo da drin
muß sein Geld doch sein!
Oder?

Er kramt und fühlt.
Aber er findet nicht,
was er sucht.
„Mein Milchgeld ist weg",
verkündet er schließlich.

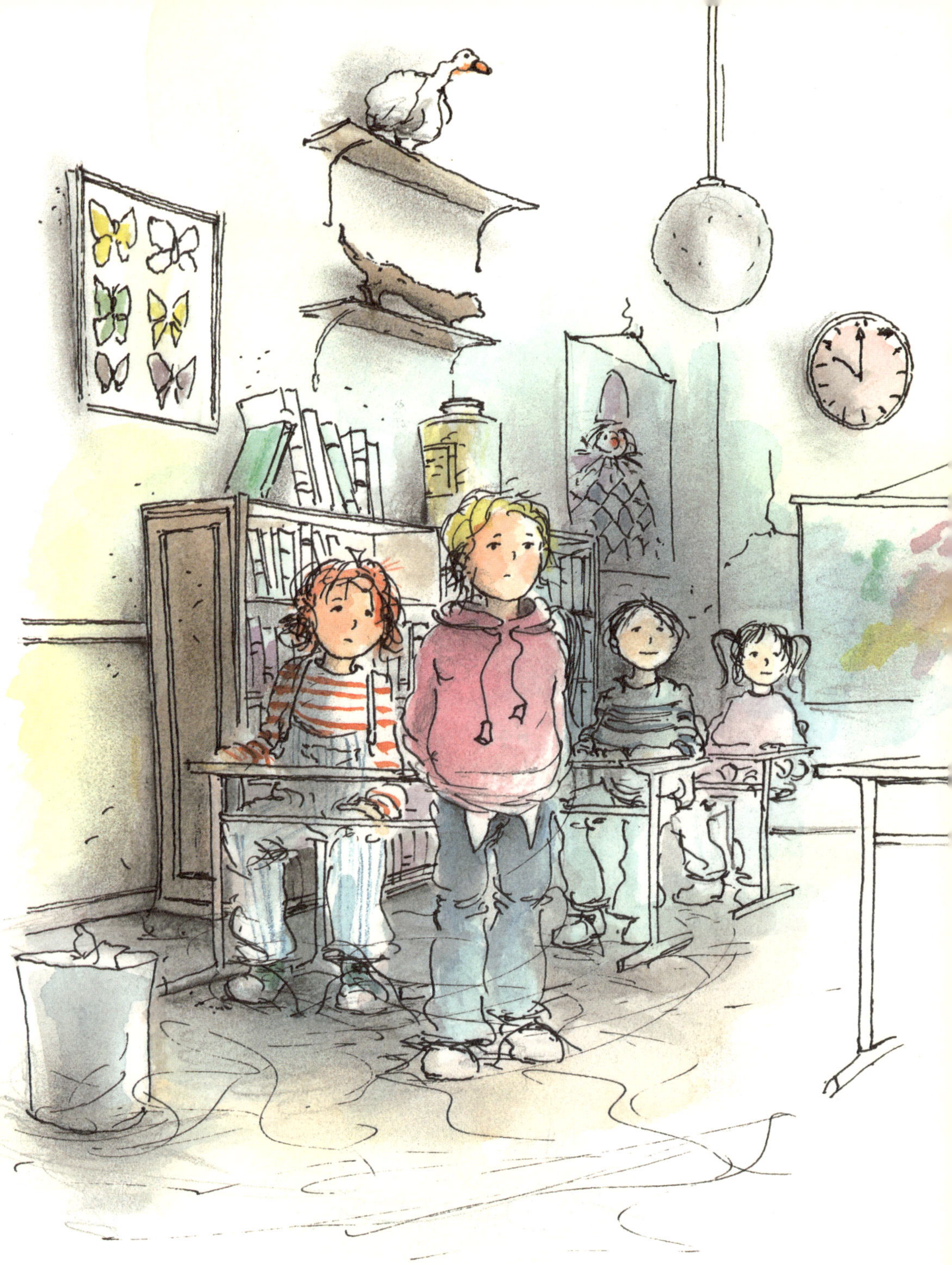

„Das glaub' ich nicht",
sagt Frau Heise entschieden.
„Komm,
laß mich mal suchen!"

Tief greift sie
in Nikos Hosentasche.
Sie findet
einen alten Mantelknopf,
eine kleine Lupe
und eine winzige Trillerpfeife
aus Plastik.

Und dann –
ganz tief unten
an der Hosentaschen-Naht –
entdeckt sie noch etwas.
Es ist klein und rund,
und sie kann sogar
ihren Finger hindurchstecken.

„Aha", ruft sie
und stülpt das Taschenfutter
nach außen.
„Schau mal, Niko!"
Ihr Zeigefinger schiebt sich
durch die aufgerissene Naht.
„Da haben wir es,
das Schlupfloch
für dein Milchgeld."

Ein halber Meter Gummiband

Ding – dong – dong.
Es gongt.
Jetzt ist große Pause.
Tine, Niko und Lena
drängen mit den anderen
nach draußen.

Vor dem Ausgang
steht Hanne
mit ihrem Gummi-Twist-Band.
„Machen wir wieder . . .?"
fragt sie.
Die anderen nicken.
„Also, dann los . . .!"

Ihre Schulhofecke
ist zum Glück noch frei.
Niko und Tine
schnappen sich das Gummiband
und ziehen es hoch
bis zu ihren Knien.
So –
nun kann es losgehen!

Hanne springt zuerst.
Sie hüpft
mit beiden Füßen,
rechts . . . links,
neben das Band.
Dann wechselt sie die Seite
und springt hinein
in das Innenfeld.

Hanne ist geschickt und schnell.
Vielleicht zu schnell.
Denn beim letzten Sprung
berührt sie
mit dem linken Fuß
doch noch das Band.
Schade!
Nun ist Lena dran.

Lena strengt sich an.
Sie will es gut machen.
Aber sie springt
nicht hoch genug.
Sie stolpert.
Das Band hakt sich
an ihrer Schuhschnalle fest.
Lena zerrt es los.
Zack . . . zurr . . .
macht es da.
O wie blöd!
Jetzt ist das Band
schon wieder gerissen!

Lena heult.
Hanne brüllt:
„Da haben wir es!
Nun ist das Band
zum Springen
viel zu kurz!"

„Na, denn", meint Niko
und will gehen.

„Mensch, warte mal",
ruft Tine da.
„In meiner Trainingshose
ist doch auch ein Gummiband."

Schnell löst sie
das verknotete Ende
und zieht
und zieht
und zieht.
„Na, also!
Ein halber Meter Gummiband,
das muß reichen",
lacht sie.

Flink knotet Tine
die beiden Gummibänder
aneinander.
„Jetzt können wir weiterspielen!"
ruft sie.
„Wer ist dran?"

Die Deutsche Bibliothek – CIP-Einheitsaufnahme

Hinkel, dinkel, Pausenspaß /
Marlies Koenen
Mit bunten Bildern von Harmen van Straaten
– 1. Aufl. - Würzburg: Benziger Ed. im Arena Verl., 1995
(Der ABC-Bär)
ISBN 3-401-07197-1

1. Auflage 1995
© Benziger Edition im Arena Verlag, Würzburg 1995
Alle Rechte vorbehalten
Herausgeberin: Marlies Koenen
Einband und Innenillustrationen: Harmen van Straaten
Gesamtherstellung: Westermann Druck Zwickau GmbH
ISBN 3-401-07197-1

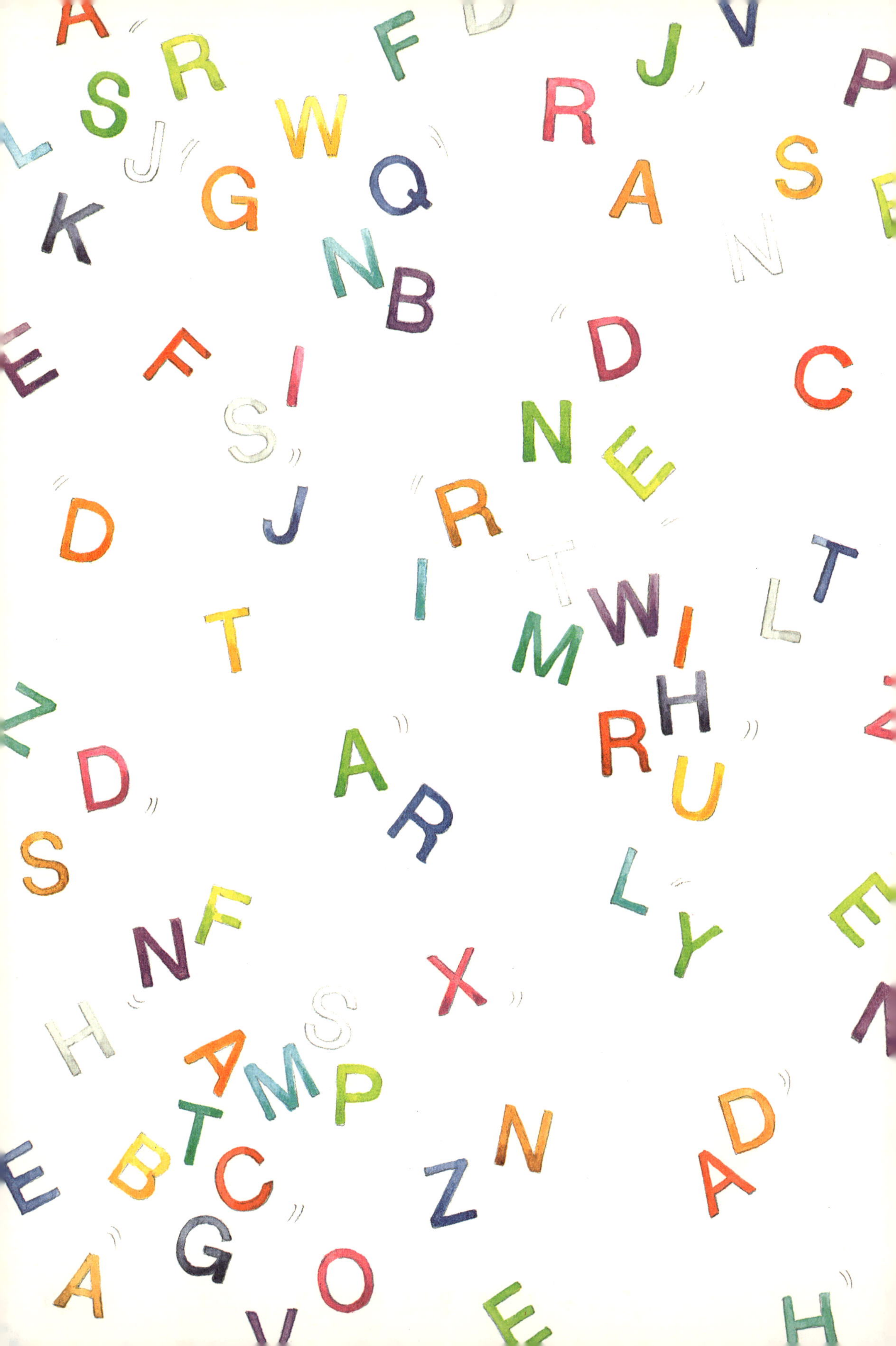